AF498172

LE
MONTSERRAT
ET MANRÈSE

SOUVENIRS DE SAINT IGNACE

PAR

LE P. L. MABILLE, S. J.

BIBLIOTHÈQUE

SECONDE ÉDITION

DIJON

IMPRIMERIE JOBARD

—

1896

PRÉFACE

L'abus des préfaces a fait fuir le lecteur, et il lui arrive de commencer l'examen d'un livre par la dernière page. Pourtant, comme bien des vieilles choses, la préface avait sa raison d'être et sa place est encore marquée en tête de certains ouvrages.

C'est le cas, semble-t-il, pour ces quelques pages, si modestes qu'elles soient.

Elles réclament un mot d'avant-propos sur le degré de confiance qu'on peut leur accorder et sur le motif qui les fait mettre au jour.

Publiées une première fois en 1889, traduites en anglais et en allemand, examinées par des hommes à même de les juger, elles n'ont soulevé aucune réclamation, spécialement au point de vue archéologique et historique. On a bien voulu y voir une œuvre de conscience. L'auteur, en effet, à l'exception des inscriptions rapportées en note page 18, a tout vérifié par lui-même avec un scrupule qui défie la critique.

De plus, l'heure est propice pour fixer les souvenirs qui peuvent aider à écrire une vie de saint Ignace. Jusqu'ici l'Espagne a gardé le culte de ses grands hommes et tout ce qui rappelle leur histoire. C'est particulièrement vrai pour saint Ignace. Mais aujourd'hui, ce pays si traditionnel subit le contre-coup de tous les bouleversements qui modifient la face du monde moderne. Depuis 1889, il est probable qu'on peut déjà constater plus d'un changement dans les monuments que nous décrivons.

C'est donc bien l'instant de les photographier pour ainsi dire, et de les garder aux âges futurs. Ces pages n'ont pas d'autre prétention, en s'offrant à ceux que la mémoire de saint Ignace intéresse (1).

36, rue Berlier, Dijon, le 31 juillet 1896.

---

(1) Les lecteurs qui désireraient des renseignements plus complets sur Montserrat et sur Manrèse, les trouveront avec *l'indication des sources* dans les ouvrages suivants : *Historia y milagros de Nuestra Señora de Montserrat*, P. Pedro de Burgos, 1512, — *Tres dias en Montserrat*, por D. Cayetano Cornet y Mas, — *Epitome historico de Manresa*, Roig y Jalpi, — dans les archives municipales de Manrèse, spécialement le *Llibre vert*, manuscrit très volumineux, — *la Santa Cueva*, por Fita, S. J., — Enfin les Bollandistes, le volume sur saint Ignace, — et *Historia de Cataluña*, 9 vol. in-4, por Bofarull.

Sur le Montserrat, au point de vue géologique on peut voir le rapport lu à l'Académie française en 1856 par M. Vézian. Il montre que cette montagne ne ressemble à aucun des systèmes de soulèvement décrits par M. Élie de Beaumont. Les roches sont formées d'une pierre assez friable ou plutôt d'une sorte de béton composé de cailloux et de graviers agglutinés.

LE MONTSERRAT

---

§ I. — LA MONTAGNE.

Le Montserrat (*mons exorsil* de Pline) s'élève à
3,993 pieds au-dessus du niveau du Llobregat qui
arrose la campagne voisine; il est situé à sept lieues
nord-ouest de Barcelone. Son nom l'indique, il semble
qu'il a été taillé, *scié* à plaisir par une armée de géants.
Les traditions populaires disent : « C'est une montagne
arrachée et disloquée au moment de la mort de Notre-
Seigneur; les racines ont pris la place de la tête (1).
Les poètes chantent la perle de Catalogne, l'immense
hôtellerie de pierre, élevée par Dieu à la Vierge d'Is-
raël. » Les imaginations travaillent forcément en face
de ce superbe géant qui surgit là tout d'un coup au

---

(1) Bien des auteurs pieux ont écrit sur cette tradition. Saint Cy-
rille de Jérusalem en parlait déjà de son temps : *Id quod hactenus
Golgotha monstrat, ubi propter Christum petræ scissæ sunt, necnon
ex traditione mons Albernæ in Etruria, in Campania promunto-
rium ad littus Cajetæ et in Tarraconensi Hispania Montserratus.*
(*Catech.*, 13)

milieu de collines et de plaines très fertiles, sans se rattacher en apparence à aucune chaîne de montagnes. Les rochers s'élèvent à pic dès la base, à moitié voilés de temps à autre par quelque nuage doré qui laisse les cimes apparaître au-dessus de lui. La nature, les siècles et les torrents ont creusé partout des sillons obscurs, des gorges sauvages, des grottes merveilleuses. Ces grottes s'enfoncent bien loin dans les profondeurs de la montagne et vont tantôt se rétrécissant en galeries, tantôt s'élevant, semblables aux nefs d'une église gothique, jusqu'à la hauteur des voûtes de la cathédrale de Barcelone, soutenues par une forêt de stalactites. Les sommets ressemblent les uns aux flèches légères et percées à jour de nos vieilles cathédrales ; les autres à des tours ébréchées ou à des fantômes de vieux moines, la tête couverte de leur capuchon. Et le soir, quand le soleil jette ses derniers rayons sur les cimes et laisse dans l'ombre les gorges et les retraits, on dirait les ruines d'un de ces vieux et immenses châteaux fantastiques, tels que les rêvait l'imagination plus fantastique encore de V. Hugo. Un artiste parisien, que l'habitude de voir des merveilles disposait peu à l'enthousiasme, se trouvait un jour, par hasard avec moi, dans le train qui passe devant le Montserrat. Il était en extase devant ces merveilles jetées là par le bon Dieu ; il retrouvait dans son cœur des émotions inconnues, et malgré lui, il laissait échapper des exclamations que ses lèvres n'avaient pas prononcées depuis longtemps, au moins avec tant de conviction : « Dieu ! que c'est beau ; que c'est beau ! » Oui ! c'est beau. Et le surnaturel, là comme partout, vient encore perfectionner la nature et lui donner ce cachet de fini que la grâce ajoute aux plus belles œuvres de la création.

Si l'on en croit les historiens de la montagne, dès 233 saint Michel était déclaré patron du Montserrat. D'après les vieilles chroniques, cette année-là, l'Archange, au milieu d'une blanche nuée, semblable à celles que le Llobregat envoie presque chaque jour, sous forme d'encens, vers le trône de Marie, descendit du ciel avec la milice angélique pour détruire un temple que les Romains avaient élevé à Vénus vers l'an 160.

Plus tard, au sixième siècle, Quiricus, intime ami de saint Benoît, envoyé par le grand fondateur en Espagne, parcourait la Catalogne. Le Montserrat lui parut prédestiné à un couvent de son ordre ; il y établit une colonie venue du Mont-Cassin et y bâtit un sanctuaire à Marie. Eglise et monastère furent détruits deux siècles après par les Sarrasins.

§ II. — PÈLERINAGE DE LA VIERGE.

Au moment de l'invasion de ces barbares, on vénérait à Barcelone dans l'église des saints Juste et Pasteur, une image de Marie devant laquelle, si l'on s'en rapporte à Luitprand, saint Sévère, évêque de cette ville, et sainte Eulalie priaient déjà de leur temps avec une grande dévotion. « En 718, ajoute-t-il, le dixième des Calendes de Mai, Eurigonius, capitaine des Goths, et l'évêque Pierre, pour ravir la sainte Image aux profanations des Maures, la cachèrent dans une des grottes du Montserrat (1) ». Elle y resta inconnue jusqu'en 880. Or un samedi de cette année 880 (et

---

(1) Luitprand affirme et beaucoup d'autres auteurs après lui, que cette statue est l'œuvre de saint Luc, et qu'elle fut apportée par saint Pierre en Espagne. Saint Pierre n'ayant jamais fait ce voyage, l'affirmation tombe d'elle-même : aussi l'autorité ecclésiastique n'en tient pas compte dans les leçons historiques composées pour l'office de N. D. du Montserrat (à l'usage des diocèses de Catalogne). Pour ces divers textes de Luitprand nous sommes obligés, n'ayant pas sous la main de quoi les vérifier, de croire les écrivains qui les citent (sans indiquer l'endroit d'origine). De plus, si ces textes sont tirés des *Chroniques des Goths*, comme c'est à croire, on sait que c'est un ouvrage faussement attribué à Luitprand.

Quoi qu'il en soit, l'histoire de « l'Invention de la Vierge de Montserrat », que nous allons raconter, est assez appuyée d'autre part pour se passer de l'autorité de Luitprand.

Les divers historiens du sanctuaire s'accordent encore à dire d'après la Tradition, que la statue trouvée en 880 est celle qu'a-

ceci repose sur une tradition non interrompue et sur des monuments dignes de foi) des bergers qui gardaient leur troupeau au pied de la montagne, observèrent un étrange phénomène. A la tombée de la nuit, une clarté rouge illumina soudain l'atmosphère. En même temps, des milliers d'étoiles descendaient du ciel sur un point fixe du Montserrat, du côté de l'Orient, et entouraient un rocher comme d'une couronne brillante de pierres précieuses. La plus suave et la plus délicieuse des harmonies accompagnait cette illumination venue d'en haut. Le miracle se renouvela les deux samedis suivants à la même heure. Gondenard, évêque de Vich (d'autres disent de Narbonne (1), ce qui semble moins probable), qui s'était retiré à Manrèse durant les incursions des barbares, est averti; il assiste au prodige et tente avec une nombreuse suite l'exploration de ces cimes inaccessibles. Là, dans une grotte inconnue qui forme un petit sanctuaire naturel, il trouve une statue de la

---

vaient cachée deux siècles plus tôt Eurigonius et l'évêque Pierre. Nous n'avons pas trouvé de preuve positive de cette affirmation. Peut-être est-ce le cas de redire le mot des Bollandistes à propos de l'apostolicité de quelques Eglises des Gaules qu'on ne peut établir autrement que par les traditions locales, sans l'appui de documents anciens : *falsa probari nequeunt.*

(1) C'est D. M. Torres, dans un ouvrage sur la Séo de Manrèse que nous indiquerons plus loin, qui soutient cette opinion ; mais il ne la prouve guère. Il est établi jusqu'à l'évidence d'après le D. Lafuente que les évêchés de Catalogne dépendaient alors de Narbonne ; cela expliquerait peut-être la présence de l'évêque de Narbonne à Manrèse.

Mère de Dieu, en bois, d'une beauté ravissante et exhalant la plus délicieuse odeur. La Vierge est de couleur presque noire; elle tient l'Enfant Jésus sur ses genoux, et un globe dans la main droite. L'évêque la vénère; puis, avec le clergé et le peuple qui pousse des acclamations de joie, il se met en marche pour la transporter à Manrèse. Mais le chemin est difficile et bientôt la fatigue oblige le cortège à s'arrêter un peu. Alors l'image sacrée devient subitement d'un poids tel, que nul effort humain ne peut la faire changer de place. Par ce miracle, la Mère de Dieu indique sa volonté : c'est là qu'elle veut être comme sur un trône élevé de gloire et de miséricorde pour recevoir les hommages, les vœux et les prières des fidèles. Le pèlerinage est fondé.

Peu à peu une église d'abord et plus tard un monastère de Bénédictins s'élèvent. De plus, on compte jusqu'à treize ermitages dispersés dans les endroits les plus déserts et les plus sauvages de la montagne. A la vie pieuse et austère des ermites se mêlait je ne sais quel parfum de poésie. Ces héritiers des Antoine et des Paul avaient apprivoisé les oiseaux de la montagne; plus d'une fois au printemps, les jeunes couvées amenées par les ancêtres, venaient recevoir la nourriture d'abord, des caresses ensuite de la main des solitaires. Alors, quand ceux-ci commençaient à louer Dieu, leur voix en montant vers le ciel, s'harmonisait avec le concert des rossignols, des pinsons,

des merles et des autres chantres des bois. La solitude avait fleuri : de frais bosquets, sans cesse ravivés
par l'eau pure et limpide des cascades, semblaient
adoucir ce que les rochers arides et les sombres pré-
cipices pouvaient offrir de trop sévère et de trop sau-
vage. Toutes les nuits à deux heures, chaque ermite
était debout pour chanter matines et répondait avec
sa cloche à la cloche de son frère de l'ermitage le
plus rapproché. Le silence majestueux de la montagne était troublé quelques minutes par le tintement
de ces joyeux carillons que les échos renvoyaient
jusque dans les profondeurs des vallées voisines. Les
plus célèbres ermitages ou plutôt ruines d'ermitages
encore aujourd'hui sont celles de la grotte de Jean
Garin et de la grotte du Diable.

Pendant les siècles qui suivent, le pèlerinage prend
des proportions que Lourdes seul dépassera plus
tard dans ces régions, et il exerce une influence con-
sidérable sur les destinées de la Catalogne et sur
les mœurs des habitants. Au commencement du
seizième siècle le monastère du Montserrat comptait
140 moines Bénédictins. Il y avait des confesseurs de
langue espagnole, française, italienne, allemande et
flamande. Malgré la difficulté extrême des commu-
nications, le sanctuaire était visité chaque année par
environ 150,000 pèlerins, rois, princes, riches, pauvres... de toutes les nations. Un père devait, en une
seule année, confesser près de 6,000 Français ou Fla-

mands ; on avait donné l'hospitalité à 3,760 prêtres ou religieux. Charles V se rendit à Montserrat jusqu'à neuf fois. Saint Jean de Matha, fondateur des Trinitaires, le chevalier français saint Pierre Nolasque, fondateur de la Merci (1), saint Vincent Ferrier, saint Ignace, saint François de Borgia, saint Louis de Gonzague, saint Pierre Claver, saint Joseph de Calasance, le bienheureux Salvador de Horta, saint Benoît Labre, etc., etc., vinrent visiter la sainte Montagne. Notre-Dame de Montserrat avait des sanctuaires renommés à Rome, à Barcelone, à Naples, à Palerme, en Sicile, à Paris, Lyon, Rouen, Toulouse, Lisbonne, Madrid, etc. Interrompu quelques années par les guerres de Napoléon Ier (2) et pendant les révolu-

---

(1) L'inscription suivante rappelle le passage de saint Pierre Nolasque :

Hic S. Petrus Nolasco
Voto visitandi B. B. Vir-
ginem se exolvit, ubi cre-
bro diuque orans primos
Ignes condendæ religionis

Hausit cui postea gra-
tissima Virgo Barcinone
Apparens ordinem institu-
it anno 1218

Il y a d'autres inscriptions à Montserrat, en particulier sur un certain nombre de tombeaux. Celui d'un inconnu porte cette épitaphe très courte et très expressive :

Vixit ut sem-
per viveret.

(2) Le Montserrat et le monastère transformés en forteresse servaient de refuge aux vaillants défenseurs de l'indépendance espagnole. En 1811 et 1812 les Français les forcèrent dans ce dernier retranchement ; puis malgré les ordres précis du maréchal Suchet ou du général Mathieu, ils saccagèrent le sanctuaire de la Vierge, dont les richesses étaient immenses. L'école de musique, qui rivali-

tions qui ont suivi, le pèlerinage a repris son antique
splendeur. Les moines, éternels comme la montagne,
ont regagné leurs cellules ; les *Escolanos* chantent
encore les louanges de leur Reine et de leur Mère, et
dans le fameux *Salve Regina*, mêlent leurs jeunes voix
à la voix grave et mâle des religieux ; en 1881,
Léon XIII a fait couronner solennellement la Vierge
de Montserrat, et les pèlerins gravissent de nouveau
les durs sentiers qui conduisent au sanctuaire. L'an
dernier une députation de neuf cents Français est
venue renouer avec Marie, reine de Catalogne, l'ancien contrat d'alliance, et de là, trois cents d'entre
eux, prêtres pour la plupart, ont été vénérer la célèbre grotte et les autres souvenirs *de saint Ignace* à
Manrèse, où ils ont été reçus magnifiquement.

§ III. — SOUVENIRS DE SAINT IGNACE.

Blessé le 20 mai 1521 à 30 ans, et converti pendant sa convalescence, le capitaine d'infanterie (1)
Ignace de Loyola était à Montserrat au mois de mars

---

sait depuis longtemps avec la chapelle Sixtine, fut dispersée pour
plusieurs années avec les moines. Toutefois les Français respectèrent
la Sainte Image, qu'ils trouvèrent dans un des ermitages où on
l'avait cachée.

(1) Saint Ignace était *capitan graduado de infanteria*.

1522. Il ouvrit son intérieur au P. Jean Chanonès (1), Français de nation, ancien vicaire de Mirepoix, homme d'une grande vertu et d'une prudence consommée dans la conduite des âmes, qui lui conseilla une confession générale. D'après la tradition, saint Ignace se confessa à l'ermitage de Saint Dimas, dans une petite chapelle qui existe encore. Ensuite, comme on le sait, il alla devant la statue de la Vierge, faire la veille des armes, lui offrir son épée et sa dague et lui demander de bénir la vie nouvelle qu'il embrassait. C'était encore le temps de l'ancienne église ; la Vierge ne fut transportée dans la nouvelle qu'en 1599, en présence de Philippe III.

L'inscription suivante conserve le souvenir du grand acte de saint Ignace :

B. IGNATIVS · A · LOYOLA ·
HIC · MVLTA · PRECE · FLETV-
QVE · DEO · SE · VIRGINIQVE
DEVOVIT · HIC · TANQVAM
ARMIS · SPIRITVALIBVS ·
SACCO · SE · MVNIENS · PERNO ·
CTAVIT · HINC · AD · SOCIE-
TATEM · JESV · FVNDAN-
DAM · PRODIIT · AN-
NO · M · D · XXII · F. · LAVRENNE-
ABB · TO · ABB · DICAVIT
AN · 1603

Cette inscription se trouvait non dans le nouveau

---

(1) Nous avons trouvé ce nom écrit de diverses manières : *Xaconès, Canonès, Chaconès.*

temple, postérieur à saint Ignace, mais dans le premier sanctuaire, à l'endroit même où le chevalier de Marie, debout, revêtu d'un sac et le bâton à la main, passa la nuit en oraison : elle y resta jusqu'à la destruction de l'ancienne église. Depuis, elle a été transportée sous un portique qui se trouve en face de la basilique actuelle. Saint Ignace a sa chapelle à Montserrat. Joseph de Amat, abbé, fonda aussi une fête annuelle en son honneur, le 31 juillet, avec exposition et sermon.

Comme on le sait, saint Ignace avait donné ses vêtements à un pauvre et sa mule au monastère, et il avait laissé aux pieds de la « *Señora de sus pensamientos* » son baudrier avec son épée et sa dague. On ignore ce que la dague est devenue. En l'église de Belen (Bethléem) de Barcelone, on montrait déjà en 1753 (1), et on montre encore une épée qu'on dit être celle de saint Ignace (2). Elle figurait à la dernière exposition de cette ville parmi les objets artistiques et historiques.

---

(1) *Vida de S. Ign.* del P. Fluvia, Barcelona, 1753.

(2) Un des historiens du sanctuaire dit que cette épée resta à Montserrat jusqu'à l'arrivée des Français en 1811 : cette affirmation ne semble pas avoir été pesée. Nous avons parcouru l'inventaire du trésor de N. D. avant cette date, et il n'y est déjà plus fait mention de l'épée de saint Ignace. En lisant l'histoire du collège de Barcelone, on verrait sans doute quand et comment la célèbre relique a été transportée de la montagne à l'église de Bethléem. On nous a assuré qu'il y avait eu échange de reliques entre les deux maisons religieuses.

MANRÈSE

Le 25 mars 1522, saint Ignace, maintenant « *le pauvre homme du sac* », ainsi nommé à cause de son vêtement, se rendait de Montserrat à Manrèse. Il allait à Barcelone et se détournait un peu de sa route pour être moins facilement reconnu, pour servir quelque temps dans un hôpital (1), pour écrire certaines lumières venues du ciel et pour visiter Notre-Dame de la Guia, dont c'était la fête.

Après avoir fait trois lieues (en passant par Castellgali) au milieu des oliviers et des vignes d'une région fertile comme la Judée, avant de franchir le Cardo-

---

(1) A ce propos, le P. Fita (*Santa Cueva*) dit que la *Vie de Jésus-Christ*, de Ludolphe le chartreux, était déjà traduite en espagnol par le franciscain Antoine Monterino, que saint Ignace l'avait lue au moment de sa conversion et que c'est probablement la méditation du 1er Dimanche après l'Epiphanie, *hallazgo de Jesus en el templo*, qui le décida à fuir Loyola et sa famille, à servir dans un hôpital, etc. Il y a dans cette méditation un texte de saint Bernard qui est un vrai programme de vie parfaite.

ner, il entra dans le sanctuaire de la Guia, situé sur la rive droite de la rivière, près du pont en pierre qui introduit le voyageur à Manrèse. Les pèlerins du Montserrat prenaient la Vierge pour guide à leur départ et la remerciaient au retour : de là son nom. Elle fut bien nommée pour saint Ignace. Elle lui apparut au milieu de sa longue oraison et lui indiqua en face, de l'autre côté du Cardoner, *la Cueva ou Grotte*, où le désir de Notre-Seigneur était qu'il se retirât. Le soir, le gardien du sanctuaire agitait ses clefs pour avertir l'étranger que l'heure était venue de se retirer ; dans le silence de la nuit, il entendit une voix très douce dire au pauvre pèlerin : *Marchate, Ignacio, y cumple tu destino.*

Depuis lors, quoi qu'on fît, la statue de la Vierge se plaçait toujours de manière à faire face à la grotte (1). En 1689, le P. Manuel Pineiro, plus tard Recteur du collège de Barcelone, vint avec des compagnons et constata par expérience la vérité du miracle. L'oratoire de la Guia remontait à une date inconnue ; l'ermitage avait été construit en 1488 : détruits l'un et l'autre en 1856 lors de la construction du chemin de fer et rebâtis un peu plus bas en

---

(1) Un cantique populaire en Catalan fait plusieurs allusions à ce prodige. Dans la nouvelle chapelle, la Vierge a été placée de manière à regarder la grotte. — *Reseña historica de la Iglesia de N. Señora de la Guia*, par Dr Joseph Sola y Abadal. Manresa, 1864.

1862, ils ont reçu de nouveau l'image miraculeuse, confiée pour un temps à l'église de la grotte.

En sortant de la chapelle de la Guia, saint Ignace avait devant lui une grande croix gothique d'une seule pierre qui depuis a été restaurée. On affirme que dans la suite, il eut là une vision consolante ; mais il y a peut-être confusion avec une autre faveur que saint Ignace reçut au balcon de Saint Paul, et c'est peut-être le P. Fluvia (1) qui reproduisant d'une manière imparfaite un texte du P. Louis Gonzalès, aura donné lieu à cette méprise. Après avoir franchi le pont Romain (2), aux dernières lueurs du jour saint Ignace

---

(1) P. Fluvia, *Vida de S. Ign.*, l. I, ch. vi, p. 36 et 37.

(2) D'après les historiens de Manrèse, ce pont aurait été construit vers l'an 210 avant Jésus-Christ et dédié plus tard à Cneius Pompée. Il a 132 mètres de long et compte huit arches circulaires de grandeur inégale ; celle du milieu a 25 mètres de diamètre. Cneius Pompée avait, paraît-il, établi à Manrèse son quartier général contre Sertorius. C'est sur le pont même, disent encore les mêmes historiens, qu'on lui éleva une statue avec cette inscription :

Gneo Pompeyo misit	*Provin. tota ob magnum*
Archiduci, subacta, Sertor.	*Benef. ab eo largiter. fac*
Factione in Hispan. et pacata.	*Manrasen. Statuam D. D.*

Adrien eut aussi sa statue à Manrèse avec cette inscription :

Hadriano. Imp. Pont.	*Municipalis. Manrasa*
Max. Belligero triumphat.	*Statuam D. D.*
Ob singul. ben.	

Ces deux statues ont été retrouvées à Tarragone en 1642 et 1644. — (*Ensayos históricos sobre Manresa*, por J. M. de Mas y Casas. Manresa, 1836.) Nous ne les avons pas vues ; mais si elles existent encore, il y aurait une étude à faire à leur sujet. Le terme *archiduci* appliqué à Pompée paraît quelque peu moderne : il

pouvait apercevoir les divers édifices religieux de
Manrèse, presque tous plus ou moins riches aujour-
d'hui de ses souvenirs. Il avait devant lui la haute
colline de Santa Clara, dominée par le couvent de ce
nom et à mi-côte, cachée par des grenadiers et des
broussailles, la grotte si célèbre depuis son séjour.
Beaucoup plus à droite, le Cardoner est dominé par
une ligne de rochers, qui forment une colline et une
promenade pittoresque appelées « le Balcon de Saint
Paul », à cause de l'église et du prieuré de ce nom
qui se trouvent à l'extrémité. C'est au balcon de saint
Paul que saint Ignace eut une sorte de révélation
générale dans laquelle, selon son propre témoignage
recueilli par le P. Louis Gonzalès, il reçut *plus de
lumières que dans toutes les autres visions et toutes les
études de sa vie réunies ensemble* (1). D'après l'examen
attentif des lieux et l'étude sérieuse du texte, il semble qu'on ne saurait concevoir de doute sur l'endroit
marqué pour ce grand bienfait du ciel. « *Ibat die qua-
dam*, dit le P. Gonzalès, *in ecclesiam, credo divi Pauli
titulo nuncupatam, quæ paulo amplius quam mille passi-*

---

est de nature à faire douter de l'authenticité de l'inscription sinon
de la statue. D'après les mêmes historiens, Manrèse, appelée
d'abord *Minarisa*, puis *Athanagria*, ensuite du temps de la domi-
nation des Carthaginois *Rubricata*, après *Manu-rasa* (parce qu'elle
aurait été rasée par Scipion), a reçu enfin le nom de *Manresa*, qui
est la corruption de *Manu-rasa*.

(1) *Acta quædam P. N. Ignatii de Loyola a L. Gonsalvo ex
ejusdem ore Sancti excepta* (Edit. de Paris 1873). Chap. III, n° 30.

bus a Manresa distat. Est autem via quæ eo ducit fluvio vicina. Cumque ita incederet suis devotionibus intentus, consedit vultu ad flumen converso quod profunde ferebatur ». Tout est parfaitement déterminé : le lieu « *Ecclesiam divi Pauli* » ; la distance, « *quæ paulo amplius quam mille passibus a Manresa* (l'ancien Manrèse) *distat* » ; le site, « *via fluvio vicina... flumen profunde ferebatur...* » ; le chemin actuel est récent et conquis sur la rivière ; l'ancien chemin passait sur le rocher, ce qui justifie l'expression « *profunde ferebatur* ». — Le P. Gonzalès parle ensuite d'une croix devant laquelle saint Ignace s'agenouilla après ce grand événement : s'agit-il de la croix qui se trouve en face de Notre-Dame de la Guia et que saint Ignace apercevait du balcon de Saint Paul, ou de la croix gothique du milieu de la rue Santa Clara d'où partait le chemin du prieuré, ou d'une autre croix qui aurait disparu, c'est ce qui reste incertain. Il est regrettable qu'un monument n'ait pas fixé la tradition sur ce point.

A la limite de cette ligne de rochers, se trouvait le prieuré de Saint Paul, ermite, fondé en 1412 par les religieux du Montserrat. On peut encore le visiter, ainsi que sa charmante petite chapelle gothique. Saint Ignace y fut reçu plusieurs fois et le prieur Pierre d'Aragon fut un de ses directeurs spirituels (1).

-----

(1) En 1700 ce monastère devint la propriété des Jésuites; au moment de leur expulsion par Charles III, il fut vendu à des particuliers.

En revenant vers la gauche, le sommet de la colline
(qui au temps de saint Ignace était encore ceint d'une
forte muraille et flanqué de plusieurs tours et de huit
portes) est dominé par la grande église « *la Seo* ».
Commencé en 1328, ce beau vaisseau gothique a
l'apparence grandiose d'une cathédrale ; il est un peu
défiguré, surtout à l'intérieur, par des constructions
et des autels plus modernes d'un goût fort douteux.
A la fin du XVIe siècle on l'a orné (?) d'une tour car-
rée qui n'a vraiment d'autre mérite que de prouver
la solidité des colonnes et des ogives sur lesquelles
elle repose (1).

Plus au nord et au sommet d'un mamelon qui
domine toute la ville, à la place d'une ancienne citadelle (2), se trouve l'église du Carmel, célèbre par

---

(1) Sur la Seo voir *Memoria sobre Manresa y en especial sobre su
Seo leida en la academia de buenas letras de Barcelona*, por D. Manuel Torres y Torrens. Barcelona, 1857. Presque en même temps
que la Seo, les Manrésiens entreprirent en 1312 un deuxième pont
rival du pont romain et en 1339 un autre travail vraiment gigan-
tesque. Pour arroser toute la campagne ils construisirent le célèbre
aqueduc qui va chercher les eaux du Llobregat à quatre lieues de la
cité. Ce remarquable canal compte 34 ponts en pierre dont quelques-uns de plus de trente arches, deux grands tunnels, l'un de
583 mètres et l'autre de 321 mètres et nombre d'autres constructions. C'est la richesse du pays au point de vue agricole.

La première moitié du quatorzième siècle à Manrèse est l'âge
des moines, et c'est aussi l'âge d'or de la cité.

(2) Cette citadelle ou château fort avait été construite par Vifred
le Velu, comte de Barcelone, qui avait reconquis Manrèse sur les
infidèles *cum copiis procerum gallicorum*. (*Gesta Comitum*.) Voir
aussi les *Actes du Concile de Barcelone de 906* : ces actes sont
authentiques.

le fameux miracle de « *la Santa Luz* » venue du Montserrat (1). Cette belle église, bâtie en 1300, n'a qu'une seule nef ; mais cette nef a de magnifiques proportions. Enfin un peu plus bas et vers l'ouest, les enfants de Saint Dominique avaient aussi un couvent et une église que saint Ignace a rendus célèbres.

La surface de ce vaste polygone était occupée et elle l'est encore par les rues et les maisons de Manrèse, spécialement par l'hôpital Sainte Lucie. La ville maintenant est plus peuplée, sans être beaucoup plus étendue. En reconstruisant les maisons après l'incendie allumé par les Français en 1811, on a simplement augmenté le nombre des étages.

Manrèse compte aujourd'hui près de 20,000 âmes et par ses fabriques de drap, de tissus, de fils et de toiles, pourrait rivaliser avec les villes du nord de la France ou avec Sedan. Ces fabriques, presque toutes

---

(1) L'évêque de Vich prétendait qu'on violait quelques-uns de ses droits en construisant le fameux aqueduc dont nous avons parlé. Il jeta l'interdit sur Manrèse. Mais en 1345, un globe de lumière qui fit pâlir l'éclat du soleil vint du Montserrat aux yeux de tous, en plein jour, et pénétra dans l'église du Carmel, pendant que la cloche sonnait d'elle-même. A l'intérieur du sanctuaire, la lumière se divisa trois fois en trois rayons. Ce miracle, vu par plus de 20.000 personnes et attesté juridiquement devant notaire par plus de 60 témoins, fut approuvé en 1347 par le pape Clément VI, qui accorda des indulgences pour une fête solennelle qui se célèbre encore tous les ans, en mémoire de ce bienfait de Dieu et de N. D. du Montserrat. Il est inutile de dire que l'évêque leva son interdit. — *Relacion historica de la venida de la Santa Luz*, avec documents à l'appui, Manresa, 1853.

en dehors de la cité, sont échelonnées le long du Cardoner dont on utilise les eaux pour donner le mouvement aux diverses machines et aux métiers.

Malheureusement, d'après le rapport des médecins sur le choléra de 1885, on utilise aussi d'une manière excessive, dans quelques fabriques, le travail des femmes et même des petites filles depuis l'âge de neuf ans, non seulement le jour, mais encore la nuit, et pendant douze ou quatorze heures.

Le Manrésien est très industrieux, très laborieux et tenace à poursuivre ce qu'il entreprend. Il est économe. Il ne laisse aucun pouce de terrain inculte. S'il découvre par hasard quelque rocher encore inoccupé, il s'en empare ; il y porte de la terre et du fumier ; il y plante une vigne et un olivier, et deux ans après il y récolte des fruits. Il n'a jamais consenti à recevoir une garnison parce que généralement la présence des soldats corrompt les bonnes mœurs et en tout cas donne l'exemple et le goût de l'oisiveté. On regrette qu'il ne se soit pas montré aussi défiant vis-à-vis du théâtre, du *casino* et de certaines autres institutions aussi utiles et moralisatrices que la franc-maçonnerie implante peu à peu dans cette cité si attachée à son Dieu. Mais sauf quelques points noirs, Manrèse a conservé son *caractère antique* et ses *traditions chrétiennes*... Les rues sont étroites, presque inaccessibles aux voitures ; les maisons serrées les unes contre les autres. Ce n'est pas le sévère « *At home* » anglais avec toutes ces barrières qui ont élevé le « *privat* » et l'égoïsme à la hauteur d'une institution nationale : la cité est une famille. Le voisin voit chez son voisin, lui parle, l'entend. Les enfants sont très nombreux et sont élevés sans mollesse dans cette atmosphère d'intimité et d'amitié. On vit ensemble des mêmes pensées chrétiennes, des mêmes espérances et des mêmes joies. On salue la même statue pieuse, on va de compagnie à l'église : on y prie Dieu avec ferveur et la Vierge et saint Ignace avec dévotion. Les hommes, souvent le conseil municipal en tête, prennent fièrement leur place dans les fonctions religieuses, les processions et les chemins de croix à travers les rues de la ville ; ils se font une gloire de communier souvent aussi bien que les femmes. Peuple heureux en somme, sur le front duquel l'Eglise a comme posé une marque indélébile de fidélité à Dieu et aux traditions.

§ II. — MANRÈSE TRANSFORMÉ EN MONUMENT
A LA MÉMOIRE DE SAINT IGNACE.

Manrèse n'a donc guère changé et saint Ignace pourrait encore le reconnaître : il le trouverait seulement converti presque tout entier en un monument à sa mémoire.

Le Saint ne se retira pas directement à la grotte ; il

se présenta à l'hôpital Sainte Lucie, où sur la recommandation de *D^a Inès Pascual* (1), il fut reçu par la Supérieure, la vénérable veuve Jérôme Cavera. Là, content pour lui de pain noir et d'eau pure, restant même une fois la semaine entière sans prendre aucun aliment, il distribuait aux pauvres les aumônes qu'il recevait, passait les jours à servir les malades et à baiser les plaies les plus répugnantes, et les nuits, après un peu de repos pris sur le sol nu, il se mettait en oraison ou bien il se mortifiait avec des instruments de pénitence effrayants. On peut lire le détail de ses actions à Manrèse, spécialement dans sa vie écrite en espagnol par le P. Garcia (1683), ou dans celle du P. Fluvia (1753), ou dans celle du P. Lucas (1633). L'hôpital Sainte Lucie existait déjà en l'an 1000 ; il est maintenant en partie abandonné et en ruines, en partie remplacé par le collège de la Compagnie ; mais la petite chapelle Sainte Lucie a été restaurée avec goût, et la chambre voisine, où saint Ignace eut son célèbre ravissement de huit jours, au mois d'avril 1522, a été transformée en un pieux sanctuaire dès l'année 1625 (2).

---

(1) Saint Ignace avait rencontré D^a Inès en descendant du Montserrat ; il lui écrivit plusieurs fois dans la suite. On peut lire ses lettres, accompagnées de notices fort intéressantes dans la savante édition des *Lettres de saint Ignace* (tome I, p 1 à 6), qu'on est en voie de publier à Madrid. *Cartas de San Ignacio, Madrid. Imprenta de la V. Hijo de Aguado — Pontejos, 8, Madrid.*

(2) Ces deux chapelles si précieuses en souvenirs sont des

Les briques sur lesquelles le Saint était étendu existent encore ; une statue d'Ignace en bois sculpté, revêtu d'un sac et couché sur les dalles, reproduit la scène d'une façon saisissante. A côté, sur le mur, le marbre redit tout ce prodige ; nous traduisons littéralement :

« St Ignace — en priant dans cette chapelle — fut ravi en extase — il tomba le corps sur le sol — sur les mêmes dalles — qu'on voit et qu'on vénère aujourd'hui — Il monta en esprit au ciel — et vit la grande religion — qu'il devait fonder — sous le nom de Jésus — son blason, sa fin, son institut — sa propagation daus les deux mondes — ses entreprises, ses conquêtes et ses victoires — ses succès dans les lettres, sa sainteté et ses martyres — La vision dura huit jours — Lieu mémorable — à cause du ravissement de St Ignace — et à cause de la révélation — de la Compagnie — de Jésus (1). »

Comme au témoignage de Ribadéneira, saint Ignace, par humilité, ne parla jamais de cette vision,

---

annexes de l'église du collège de la Compagnie à Manrèse. Cette église de style néo-grec a été commencée en 1750; elle n'a été terminée qu'en 1816. Entre autres reliques précieuses on y vénère le corps de saint Fortunat, martyr, et celui de sainte Victoire, extraits des Catacombes et envoyés à Manrèse en 1828 par le F. Coadjuteur F. Bosch au R. P. Ildefonso Valiente. Le collège fut fondé en 1616, sous le titre d'Ignace de Loyola, par D. Lupercius de Arbiza, chevalier de Saint-Jean.

(1) Voici la reproduction exacte de cette inscription avec l'orthographe du temps :

c'est sans doute par induction qu'on a détaillé ainsi ce que Dieu lui avait révélé pendant huit jours. Quant au fait même *del Rapto,* tout extraordinaire qu'il soit, on ne peut le révoquer en doute; il est affirmé par le procès de canonisation, par les Bollandistes et par tous les historiens de saint Ignace, spécialement par Ribadéneira (*Vie de saint Ignace,* l. I, ch. VII) qui le tenait de *plusieurs témoins oculaires ;* il est de plus attesté par un monument ancien, par une tradition

---

S. Ignacio	*Su blason, fin, instituto*
Orando en esta capilla	*Su propagacion en los dos mundos*
Quedó arrebatado	*Sus empresas, conquistas, y victorias*
Cayó el cuerpo en el suelo	*Sus letras, santidad y martirios*
Sobre los mesmos ladrillos	*Ocho dias duró la vision*
Que oy se ven y adoran	*Lugar memorable*
Subió el espiritu al cielo	*Por el rapto de S. Ignacio*
Y vió la gran religion	*Y por la revelacion*
Que havia de fundar	*De la Compañia*
Baxo el nombre de Jesus	*De Jesus.*

Plus haut, à une distance qui en rend la lecture fort difficile, on a mis les inscriptions suivantes que l'on doit au P. Angelini :

I.

Fondamenta
Societatis Jesu

II.

Heic . ubi
Ignacius . Loyolæus
VIII. *dies . extra . se raptus*
Cælestia . intuitus . est
Ædicula . extructa . est . ineunte
Sæculo . XVII .
Instaurata . a MDCCCXXIII .
Assurgit . pedes . XII .
In longum . abit . pedes . VII
Totidem . lata .

III.

Deo . optimo . maximo
In . honorem . Ignatii . patris
Qui . VIII . *dies*
A . Sensibus . avocatus
In rerum . æternarum .
Contemplatione
Defixsus . fuit .
Ædicula . excitata . et
Rite . sacrata
Pridie Kal . sextiles
Anno MDCCCLXXXV .
Stipe . ab . Ignatii . cultoribus
Collata .

ininterrompue et par une fête solennelle. C'est plus qu'il n'en faut pour satisfaire un critique même exigeant.

Tous les ans, depuis plus de deux siècles, à partir de la veille du dimanche de la Passion, on célèbre dans la chapelle *del Rapto* une octave solennelle en mémoire du ravissement de saint Ignace.

A côté de cette scène *del Rapto* on a conservé dans le mur le seuil de la porte d'entrée de l'hôpital et la pierre sur laquelle saint Ignace s'asseyait pour enseigner le catéchisme. On lit au-dessus : « St Ignace de Loyola — assis sur ces pierres — enseignait la doctrine — aux pauvres de l'hôpital — et aux enfants du voisinage (1). » Enfin, à l'entrée de la chapelle Sainte Lucie, au-dessus du bénitier, on a écrit : « C'est dans ce bénitier que St Ignace prenait de l'eau bénite (2). »

Dans cette même chapelle *del Rapto* on vénère une phalange d'un doigt de saint Ignace dont nous parlerons plus loin. Les murs sont ornés de tableaux d'un

---

(1) *San Ignacio de Loyola — Sentado en estas piedras — Enseñaba la Doctrina — a los pobres del hospital — y a los niños del vecindario.* — Cette inscription a remplacé un quatrain qui disait la chose plus naïvement : *Sirviendo en este hospital, — Ignacio a gloria Divina — Enseñaba la doctrina — en las piedras de este humbral* (seuil). Ces transformations, sous prétexte de meilleur style, ne sont pas substantielles : elles sont pourtant regrettables parce qu'elles font disparaître un témoignage plus ancien et de plus grande autorité.

(2) *En esta pila — tomaba agua bendita — San Ignacio de Loyola.*

certain mérite, qui rappellent différents faits de la vie de saint Ignace à Manrèse : on les doit au pinceau du F. Coadjuteur S. Gallés. C'est au collège aussi que se trouve le crucifix que le Saint portait, à Manrèse, suspendu à son cou, sans autre croix que sa propre poitrine. Le crucifix, qui a été fixé depuis à une croix, était la propriété de la famille Sola y Abadal qui en a fait don dernièrement au collège.

A côté de Sainte Lucie, sur le ruisseau de Saint Ignace (autrefois *Mirable*), se trouve un pont à la tête duquel, en 1587, J.-B. Cardona (1), évêque de Vich, fit élever en l'honneur du pénitent de Manrèse un petit obélisque en pierre, surmonté d'une croix de fer, avec cette inscription :

« A Ignace de Loyola, fils de Bertrand, cantabre, fondateur de la famille sacerdotale de la Compagnie de Jésus, lequel, à l'âge de trente ans, combattit valeureusement pour la défense de la patrie, dans la forteresse de Pampelune. Après avoir reçu des blessures mortelles qui furent guéries par un singulier bienfait de Dieu, enflammé du désir de visiter les Saints Lieux de Jérusalem, il fit le vœu de chasteté et se mit en route. Après s'être dépouillé des insignes

---

(1) J. B. Cardona mourut en 1589. Il fut évêque de Vich dès 1584 et de Tortosa en 1589. Il est l'auteur d'un volume manuscrit inédit qu'on trouve à la bibliothèque nationale d'Espagne sous ce titre ajouté ensuite : *Laus S. Ignatii*. Il aida grandement Philippe II à former la bibliothèque de l'Escorial.

guerriers et les avoir abandonnés dans le temple de la Mère de Dieu, Marie de Montserrat, revêtu d'un cilice et presque nu, là d'abord, ici ensuite, il mérita de pleurer ses péchés passés surtout avec des jeûnes, des larmes et des prières, et il commença à les expier comme un nouveau soldat du Christ. Pour conserver la mémoire d'une si grande prouesse, pour la gloire du Christ et à la grande louange de sa Compagnie, Jean-Baptiste Cardona, natif de Valence, évêque de Vich, élu pour le siège de Tortose, comme gage de sa grande dévotion envers ce patriarche et la religion qu'il a fondée, lui dédie cette pierre comme à un homme très pieux auquel la République chrétienne est très redevable. Sixte V étant pape, et Roi d'Espagne le catholique et très grand Philippe IIe du nom (1). »

---

(1) *A Ignacio de Loyola, hijo de Beltran, Cántabro, Fundador — de la familia sacerdotal de la Compañia de Jesus, el cual — siendo de edad de treinta años, por la defensa de la patria en el castillo de Pamplona valerosamente peleó — y habiendo recibido mortales heridas, por singular — beneficio de Dios curadas — inflamado en el deseo de visitar — los lugares sagrados de Jerusalem — se pusó en camino haciendo voto de castidad; — y asi habiendose quitado y dejado — las militares insignias — en el templo de la Madre de Dios, Maria de Monserrat, — vestido de saco y cilicio y casi desnudo, — aqui desde allí, en primer lugar con ayunos, lágrimas — y oraciones mereció llorar — las pasadas culpas, y empeçó á tomar — venganza de ellas como nuevo soldado de Cristo. Para conservar la memoria de tan grande haçaña — para gloria de Cristo — y esplendor preclaro de su Compañia, — Juan Bautista Cardona, natural de Valencia, ausonense — obispo y electo de Tortosa por su gran devocion — a dicho Padre y á su Religion — le dedicó esta lápida como a varon piadosisimo — y a quien tanto debe la Republica cristiana;*

En 1799, le conseil municipal fit restaurer ce monument, si précieux à cause de son antiquité, et y fit graver ce qui suit : « Ce monument, par suite de la marche et des injures du temps, menaçait ruine : comme témoignage de son amour indélébile, le très noble conseil de la ville de Manrèse l'a restauré et recommandé à la postérité. Pie II étant pape, Charles IV Roi, et gouverneur de la cité, Ignace de la Justice (1799) (1). »

En prenant la rue qui monte en face de ce pont et de ce monument, on arrive bientôt à la rue de *Sobreroca*. Au n° 34, dans une cour intérieure où saint Ignace se retirait souvent pour passer la nuit, on vénère une image du Saint placée là par le propriétaire de la maison. L'autorité diocésaine a permis le culte et accordé des indulgences. Une inscription latine rend compte de la tradition. C'est dans la même rue, un peu plus loin à gauche, que saint Ignace fit son premier miracle. On connaît l'histoire du *pozo de la gallina*. Une poule était tombée dans un puits, au grand désespoir de sa petite gardienne, et s'y était noyée. Les curieux riaient; l'enfant pleurait. Saint

---

— *siendo Papa Sisto V. y Rey de España el católico y máximo —* D. *Felipe II de este nombre.*

(1) *Este monumento — echado a perder por la huella injuriosa del tiempo — siendo Pontifice Pio VI. Rey Cárlos IV — y gobernador de la ciudad Ignacio de la Justicia — en prenda de amor indeleble — dejó restaurado y encomendó á la Posteridad — el muy noble ayuntamiento de la ciudad de Manresa. — 1799.*

Ignace vit les larmes : il se mit en prière. L'eau du puits monta, monta, et le Saint put prendre la poule déjà morte et la rendre vivante à l'enfant aussitôt ravie et consolée. L'eau de ce puits est devenue miraculeuse. Un petit oratoire a été construit à côté. Un distique latin rappelle le miracle :

> Disce, viator, amor quid sit quo Ignatius ardet
> Testis aqua est, supplex hanc bibe, doctus abi (1).

En allant de la rue de Sobreroca vers l'église *del Carmen*, avant de monter l'escalier qui conduit à l'ancien couvent, on trouve à gauche l'oratoire de *San Ignacio enfermo*. On sait que pendant son séjour à Manrèse, le Saint fut plusieurs fois malade. Dans une de ces circonstances il fut accueilli par Andres de Amigant et tous les siens. Cette pieuse famille, depuis l'année 1354, recevait continuellement chez elle deux pauvres malades de l'hôpital, qu'elle traitait comme Notre Seigneur Jésus-Christ en personne.

---

(1) Le distique est du R. P. Sola. Sur le mur auquel le puits est adossé on a fixé très anciennement un petit monument de marbre fort curieux. Une poule semble surnager au-dessus d'un puits ; et plus bas on lit : « *San Ignacio de Loyola en el año del Señor de 1522 — hizo aqui el primer milagro — sacando viva a flote hasta el — borde una gallina ya ahogada.* — Saint Ignace de Loyola en 1522 fit ici son premier miracle en retirant vivante une poule déjà noyée qu'il fit surnager jusqu'à la margelle du puits. »

En 1603 la reine Marguerite d'Autriche reçut avec dévotion des fragments du rocher de la grotte qu'elle fit enchâsser dans des pierres précieuses, ainsi que trois poulets et trois poulettes qui descendaient en ligne directe de la *gallina del pozo*. Bolland., P. Fluvia, etc.

Un ancien tableau de famille représente le Saint et autour de lui ceux qui le soignent. Au-dessus du lit, le peintre a écrit : *S. Ignatius — de Loyola — Languens ;* et au pied : *Hæc omnia — Evenerunt 22 Julii anno 1522.* Sur un des murs de la chapelle, on trouve encore une croix qui fut tracée par le pieux malade, et un petit médaillon de l'Annonciation dont nous parlerons plus bas.

Pendant ses maladies et même en temps ordinaire, saint Ignace fut reçu aussi bien des fois et avec la plus grande charité au couvent de Saint Dominique. Le prieur Gabriel de Pellaros fut son principal directeur. L'hôte des moines portait souvent sur ses épaules, en parcourant les stations du *Via Crucis* dans le cloître, une pesante croix de bois sur laquelle, au XVIᵉ siècle, on a gravé ces mots : *Enecus A-LOIIOLA porta — bat hanc cru — cem 1522.* Les Dominicains gardaient précieusement cette relique ; on dit que, quelques années après leur expulsion de 1835, ils l'ont confiée aux Dominicaines du couvent de Sainte Claire (1). Mais on peut encore s'agenouiller devant la statue de la très sainte Vierge qui parla au Saint, et devant le grand autel où il vit le mystère de la Sainte Trinité et, au moment de l'élévation, la glorieuse humanité de Notre-Seigneur.

Avant de parler de la grotte même, il est encore

---

(1) Nous n'avons pu arriver à la certitude de ce fait.

bon de rappeler que saint Ignace allait souvent, avec la foule toujours plus nombreuse (1) à laquelle il parlait de Dieu et des Exercices, en pèlerinage à Notre-Dame de Viladordis, à deux kilomètres environ du couvent de Sainte Claire. Sur le chemin qui y conduit à partir de la rue Santa Clara, il y a trois belles croix gothiques du quatorzième siècle, appelées *del Tort*, *de la Culla*, et *de Cusbiyola*. On les conserve avec un religieux respect. Saint Ignace multipliait devant elles les pieuses stations. A la Culla, il fit à une femme au sujet de son fils une prédiction qui s'est réalisée, et qu'on peut voir dans ses historiens. En haut du piédestal de la croix *del Tort*, on lit encore une inscription très ancienne : *Hic habuit Sanctus Ignatius Trinita — tis visionem — 1522*. Le crucifix a été remplacé par une croix en fer. L'ancien crucifix de pierre, détaché par une tempête affreuse et recueilli par un chanoine, a été donné à la *Cueva*. Or, dans la soirée du 30 juillet 1627, pendant qu'on chantait les complies du Saint, un sang frais jaillit en abondance d'abord de la plaie du cœur, puis des plaies des pieds et des mains, et enfin des blessures de la tête. Après les dépositions juridiques de seize té-

______

(1) Saint Ignace et ses *Exercices* avaient pourtant des adversaires même à Manrèse ; ainsi se vérifiait déjà à son sujet et au sujet de son livre ce que les Evangélistes rapportent de Notre-Seigneur et ce qu'on peut dire de beaucoup de saints : *Et murmur multum erat in turba de eo. Quidam enim dicebant : quia bonus est. Alii autem dicebant : non, sed seducit turbas.* Joan. VIII, 12.

moins, dont deux chanoines, trois docteurs en méde-
cine et un docteur en droit, le miracle fut approuvé
par l'autorité ecclésiastique. Le crucifix est maintenant au-dessus de la porte qui introduit à la grotte,
avec une inscription qui rappelle le prodige de
1627 (1).

En suivant le chemin des croix gothiques, on par-
vient à Notre-Dame de Viladordis ou du salut des
infirmes, pèlerinage dont il est fait mention dans des
documents très anciens. Saint Ignace aimait beaucoup
cette chapelle et il y reçut des lumières. Son souvenir
y est fidèlement conservé. Une statue en bois sculpté
qui le représente à genoux est placée près de Notre-
Dame. A côté d'un portrait du Saint qui se trouve
un peu plus loin que la chaire, le peintre a écrit :
« Saint Ignace de Loyola, fondateur de la Compagnie de Jésus, en l'année 1522, première de sa
conversion, pendant son séjour à Manrèse, fréquentait
cette église de Notre-Dame de Viladordis : il y reçut
des faveurs extraordinaires du ciel : pour garder le
souvenir de ces faits, cette paroisse dévote et recon-
naissante lui dédie ce portrait, 19 février 1632 (2). »

---

(1) *Este crucifijo, ante el cual San Ignacio hizo oracion muchas
veces, fué visto con admiracion de todos los presentes la vispera del
Santo, año 1627 ; manava sangre primero de la llaga del costado,
y luego de las cuatro de las manos y de los pies y de las heridas de la
cabeza. Esta maravilla fué aprobada por el Ilmo. Sr. Obispo de Vich
y diez y seis testigos.*

(2) *San Ignacio de Loyola fundador de la Compañia de Jesus, en*

Tous les ans, le lundi de la Pentecôte, on célèbre là une grande fête avec indulgence plénière en l'honneur de saint Ignace. Deux cantiques très touchants et très pieux redisent l'amour de ce peuple pour la Vierge et son serviteur.

Quand l'église était fermée, le Saint s'agenouillait sur une pierre, et d'après une tradition sûre, la Vierge lui apparaissait au-dessus de la porte. Cette pierre est conservée sous un autel latéral du côté de l'épître. On y lit : *Añy 1522 — PDRE de S. Ignaci.* L'ancienne statue de la Vierge, sculptée par une main peu habile, a été, par ordre épiscopal, déposée dans une chambre voisine où on peut la vénérer. Elle est remplacée par une statue aux traits plus adoucis ; mais les pèlerins préfèrent l'ancienne image.

C'est à Viladordis que se trouve la ferme des *Marsetas* où le Saint reçut bien des fois l'aumône. Avant de partir, il laissa sa ceinture (composée de trois tiges de glaïeul) au chef de la maison, et il prédit que, tant que cette famille continuerait à faire l'aumône aux pauvres, elle ne manquerait jamais de descendants, ni de biens pour vivre avec la décence correspondante à son rang, sans connaître ni grandes richesses ni pauvreté. La prophétie s'est vérifiée jus-

---

el año 1522, primero de su conversion, viviendo en Manresa, frecuentaba esta iglesia de Nuestra Señora de Viladordis en donde recibió singulares favores del cielo; y en memoria de ellos esta devota y agradecida parroquia le dedica este retrato a 19 de febrero de 1632.

qu'aujourd'hui. Les pauvres la connaissent et viennent en grand nombre demander l'aumône presque comme un droit : on est fidèle à leur donner. Les propriétaires des Marsétas habitent maintenant à Navarclès, à quelques kilomètres de Viladordis; tous les enfants s'appellent Ignace. La relique est conservée avec un soin religieux, sous le piédestal d'une statue du Saint en argent : le chef de famille seul possède la clef du coffre-fort où elle se trouve : il consent bien à la montrer; mais jamais il ne se dessaisit de ce qu'il regarde, à bon droit, comme le trésor et l'égide de sa race.

C'est à Viladordis aussi que vers le milieu de février 1523 Ignace conduisit ses meilleurs amis avant de quitter Manrèse. — Voici comment le fils de Dª Inès Pascual le dépeint à cette époque de sa vie : « Au moment où nous (sa mère et lui) arrivions au pont de la Cité, Ignace vint à notre rencontre avec la modestie, la gravité et tout l'extérieur d'un ange. Vêtu comme un pèlerin, il avait sur l'épaule une besace remplie de pain et de diverses aumônes recueillies pour les pauvres. Il marchait récitant certaines heures et portait un grand rosaire passé autour du cou. Quand il vit ma mère l'appeler, il s'approcha, le visage souriant, et ils parlèrent de choses de dévotion.... Deux jours après, il quitta Manrèse au milieu de regrets incroyables et des larmes de la meilleure et de la plus grande partie de la ville qui regardait son départ et son absence comme l'absence d'un saint et d'un ange (1). »

Il est temps d'arriver à ce qui fait surtout la célébrité de Manrèse, à la Grotte elle-même. Sur son authenticité et sur la vérité du séjour que saint Ignace y fit, le procès et la bulle de canonisation, puis les Bollandistes ont tout dit. Nous résumerons ce qui la concerne en quelques pages.

Ignace obtint facilement la permission de se retirer à la grotte ; car elle appartenait à D. Fernando Roviralta qui l'aimait beaucoup. Roviralta vécut plus de cent ans, et on a pu savoir de lui bien des détails aussi intéressants que certains. Située à environ six cents mètres de l'ancien Manrèse, au-dessus du *Valparaiso*, la grotte était plus profonde dans le milieu que sur les côtés et plus basse que maintenant. Elle n'avait guère que trois mètres de longueur, un mètre et demi de largeur et deux mètres de hauteur au milieu seulement. L'entrée était comme maintenant au sud-est : elle était entièrement fermée par les ronces et les grenadiers qui retombaient du sommet du rocher, ainsi que par les broussailles et les plantes sauvages qui poussaient au bas. On n'y pénétrait, et encore avec peine, que par l'étroite ouverture du sud-est.

Ignace se trouvait là dans une parfaite solitude ; car

---

(1) *Histoire manuscrite de la Province d'Aragon*, l. I, c. VIII, citée par les éditeurs des lettres de saint Ignace. Ed. de Madrid, tome I, p. 5, 6.

le chemin qui serpente maintenant autour de la grotte n'existait pas. De sa retraite il apercevait le Mont-serrat, Notre-Dame de la Guia et les édifices religieux de Manresa. Sur la paroi à droite, il traça avec un instrument tranchant une croix qui existe encore et dont l'authenticité est certaine.

Il est inutile de rappeler ce que saint Ignace souffrit dans cette solitude, ce qu'il y reçut de Dieu et comment avec l'aide particulière de Marie il y composa les *Exercices* (1).

Le Saint avait à peine quitté Manrèse que la grotte devenait un lieu de vénération et de pèlerinage. Ses amis y mirent une croix pour marquer le respect avec lequel on devait en approcher. Dès les premières années du dix-septième siècle, on y lisait cet épigraphe

---

(1) D'après les meilleurs calculs, les *Exercices* furent écrits avant le 22 juillet 1522. Que saint Ignace ait été aidé par la très sainte Vierge pour la substance première des *Exercices* et leur marche générale, on en a un grand nombre de preuves qui paraissent concluantes. On peut y ajouter le témoignage suivant cité pour la première fois par le P. Fita dans l'ouvrage que nous avons déjà indiqué plus haut. On le trouve dans l'histoire manuscrite du collège de Bethléem de Barcelone, folio 21, année 1606. On parle du P. Lorenzo de Saint-Jean qui passa à Manrèse à la fin du seizième siècle et au commencement du dix-septième : « Passant par Manrèse, il sut du seigneur Amigant que la Vierge avait dicté les *Exercices* à notre Père saint Ignace, après un ravissement qu'il eut devant l'image de l'Annonciation de cette demeure, comme ils l'ont noté et su de la bouche même du Saint pendant son séjour à Manrèse. » — Le médaillon de marbre qui représentait la Vierge de l'Annonciation a été retrouvé par Joseph de Amigant, comte de Foullar, quand il fit restaurer la chapelle *de San Ignacio enfermo.*

que nous traduisons littéralement : « En ce lieu, en l'année 1522, saint Ignace composa le livre des *Exercices*. C'est le premier ouvrage écrit dans la Compagnie de Jésus ; il est approuvé par une bulle de S. S. Paul III » Dès ce temps là aussi, le concours était déjà si grand, qu'on était obligé de régler l'entrée et la sortie.

Le 27 janvier 1602, la marquise d'Aitona devient propriétaire de la grotte et la donne un an après aux Jésuites. Ceux-ci avaient déjà une résidence à Manrèse dans l'hôpital Sainte Lucie, que la ville leur avait donné dès 1602.

En 1603, on envoie à la reine Marguerite d'Autriche, après les avoir extraits et scellés devant un notaire et de nombreux témoins, les fragments du rocher de la grotte dont nous avons parlé plus haut.

La même année 1603, François Robuster, évêque de Vich, fait bâtir sur la grotte une chapelle qu'il dédie à saint Ignace martyr, parce qu'Ignace de Loyola n'est pas encore canonisé.

En 1606, le duc de Montéléon, vice-roi de Catalogne, guéri miraculeusement par saint Ignace, ainsi qu'une personne de sa famille, comme on peut le voir consigné au procès de canonisation, vient visiter la Santa Cueva, accompagné de quatre évêques et d'une nombreuse suite.

En 1610 et 1622, on célèbre avec enthousiasme la béatification et la canonisation de saint Ignace.

En 1623, Grégoire XV accorde un jubilé perpétuel à célébrer à la Santa Cueva, le dernier dimanche de septembre. A cette occasion, le T. R. P. Mutius Vitelleschi, général de la Compagnie, envoie un doigt de saint Ignace (le pouce de la main droite). Il n'y a qu'une phalange de ce doigt à la grotte ; mais (nous l'avons déjà dit), on vénère une autre phalange à la chapelle *del Rapto*. Comme il n'est pas fait mention d'un autre envoi de Rome, *on suppose* que la relique aura été partagée entre les deux maisons (1).

En 1629, sur la demande des Manrésiens, l'évêque du diocèse décrète que la ville de Manrèse, le chapitre et les habitants auront désormais saint Ignace pour patron. Peu à peu la grotte prend sa forme actuelle.

En 1660 on bâtit la tour et la maison des Exercices (à laquelle on ajoute une aile cette année 1889). En 1666 on termine la magnifique façade qui ferme la grotte du côté du midi. On l'a continuée plus tard pour servir de soutien à une des petites nefs de l'église. En 1667 on commence à orner la grotte et à lui don-

---

(1) Un bienfaiteur a offert dernièrement un nouveau reliquaire fort remarquable pour la phalange conservée à la grotte. A cette occasion on a fait disparaître une inscription qui se trouvait sur le piédestal de l'ancien reliquaire : *Digitus Dei est hic*. Cette allusion à la parole prononcée par Paul III au sujet des Constitutions pouvait donner lieu à un rapprochement forcé et inconvenant.

ner la forme qu'elle a maintenant. C'est le sculpteur Grau qui semble avoir dirigé les travaux.

En 1663 les Capucins du couvent voisin voulurent aussi avoir leur grotte de Saint Ignace. Plusieurs fois dans les procédures pour la canonisation du Saint, et en d'autres circonstances leurs prédécesseurs avaient affirmé l'authenticité de l'ancienne, et jusque-là il n'y avait pas eu le moindre doute, ni la moindre contestation. Mais en l'année que nous venons de dire, les Capucins ayant transformé quatre cavités qui se trouvaient sous leur cloître en autant d'ermitages, donnèrent à l'un d'eux le titre de Saint Ignace. De plus ils prétendirent que le Saint avait pu se retirer là et qu'il y avait vécu aussi bien que dans la grotte vénérée depuis si longtemps. Cette prétention vraiment insoutenable au point de vue historique, comme il fut démontré péremptoirement, fut l'origine d'un étrange débat.

. La municipalité s'émut de ce fait, à cause du danger d'erreur et de confusion pour l'avenir : elle intima aux Capucins une sommation d'avoir à retirer l'image de saint Ignace de leur ermitage ; elle renouvela ensuite cette protestation avec plus d'énergie par-devant notaire et la fit imprimer (1).

Comme les Capucins ne tenaient pas compte de ces

---

(1) *Protesta dels molts ilustres consellers y consell general de la ciutad de Manresa, presentada al molt Reverent Fra Angel de San*

procédés peu canoniques, le procès devint interminable ; il alla jusqu'au Nonce et donna lieu à des écrits sans nombre. Le 30 juillet 1680 la municipalité s'entendit avec l'autorité ecclésiastique, la procession du 31 juillet se fit avec une plus grande pompe, afin de protester, au nom de tous les citoyens et par acte notarié, devant la porte même de l'ancienne Cueva, que c'était là la vraie et unique grotte de Saint Ignace. Cette protestation s'est continuée jusqu'au siècle dernier. Par un concordat du 26 octobre 1734, les Capucins renoncèrent enfin à leur prétention.

Nous avons cité ce fait pour montrer que si les Manrésiens sont d'une fidélité scrupuleuse à garder les moindres souvenirs qui intéressent leur foi ou leur histoire, ils ne sont pas moins jaloux de rejeter les fausses traditions dès leur principe.

L'église actuelle, commencée vers 1750, a été terminée en 1763. Elle n'a de vraiment remarquable que la façade du midi, dont nous avons déjà parlé. Cette façade est ornée extérieurement de sculptures en pierre d'un grand effet. C'est comme une longue procession de statues de saints, d'anges qui portent des écus-

---

Hipolit, provincial dels P. P. Capuchins a 1 octubre de 1664 a cerca de la novament fingida cova del glorios Patriarca San Ignaci.

Le meilleur travail sur toute la question est, sans contredit, l'ouvrage (tant loué par les Bollandistes) du docteur Vicens, imprimé en 1664 sous ce titre : *Manifiesto sobre la verdad y unitad de la Santa Cueva.*

sons, d'inscriptions qui rappellent les gloires de saint Ignace et de sa Compagnie, etc.

En 1718 Philippe V, qui aimait et vénérait la grotte de Manrèse, envoie un calice sur lequel on a gravé les armes royales et cette double inscription : *Philippus V. D. G. Hispaniarum Rex, virtute, protectione.* — *El Illmo Sr D^n Carlos de Borja, patriarca de las Yndias, capellan y limosnero maior.*

En 1707, le 11 avril, le jour même où se terminait l'octave commémorative *del Rapto,* le jour où saint Ignace s'était réveillé en redisant plusieurs fois : *Ay Jesus !* les Jésuites de Manrèse, oubliés pendant une semaine par les exécuteurs des décrets de Charles III, sont conduits à Tarragone et bannis d'Espagne avec tous leurs frères. La maison des Exercices est occupée par des orphelins ; l'église et la grotte sont fermées au public ; les vases sacrés et toutes les richesses du sanctuaire sont attribués à différentes œuvres (1).

En 1794 quelques prêtres échappés à la guillotine sont accueillis à la maison des Exercices.

Vient l'occupation française. Manrèse est la première cité de Catalogne qui se révolte contre l'usurpateur. Après avoir aspiré l'esprit martial de saint Ignace près de la Santa Cueva, les Manrésiens à la pre-

---

(1) On n'a recouvré que la relique de saint Ignace et le calice de Philippe V.

mière bataille de Bruch, le 6 juin 1808, mirent les Français en déroute (1).

Il y eut des représailles de la part de ces derniers. Macdonald fit brûler une partie de Manrèse. La maison des Exercices servit de caserne. La grotte fut respectée. Mais trouvant l'église fermée (depuis le décret de Charles III), abandonnée et dans le plus triste état, les Français y mirent leurs chevaux. Ce n'est malheureusement pas la seule profanation qu'on ait à leur reprocher, pendant cette triste guerre d'Espagne. Les Cortès de 1812 décernèrent à la cité de Manrèse le titre de *muy noble y muy leal*, et reconnurent que sa conduite avait été *heroica en grado eminente*.

Après le départ des troupes françaises, la grotte est ouverte de nouveau. Le 17 juin 1816 les Jésuites rentrent à Manrèse, aux acclamations de toute la cité. Peu à peu, malgré les nouvelles expulsions de 1820, 1835 et 1868, malgré la dévastation organisée par les révolutionnaires de 1835, l'église, sans reprendre son

---

(1) Il ne faut pas s'étonner de cette dévotion à saint Ignace soldat. Après sa canonisation, par un décret des Rois catholiques, le Saint avait été nommé *capitaine général* des armées espagnoles. Un chant national guerrier du temps de Charles IV rappelle cette nomination et en montre l'utilité. (La *Santa Cueva* du P. Fita, pièces justif. n° 1.)

Il y a encore aujourd'hui en Espagne un mot populaire qui rend bien compte de la défaite définitive de Napoléon en ce pays : on dit qu'il fut vaincu par le général *No importa* parce qu'à chaque nouvelle victoire de leur ennemi les Espagnols s'écriaient avec une énergie croissante : *No importa !* N'importe ! marchons quand même.

ancienne parure, est convenablement restaurée. Plus tard Pie IX concède par deux fois différents privilèges à la Santa Cueva. — Le 5 octobre 1860 Isabelle II vient visiter la grotte de Saint Ignace avec dévotion. A ce propos on cite le trait suivant : au moment de vénérer la croix tracée par saint Ignace sur la paroi du rocher, l'ex-reine se retourna vers le duc de Tétuan et lui dit, non sans une certaine pointe de malice : « Général, avez-vous lu les *Exercices spirituels* écrits ici par le héros de Pampelune? » On ne rapporte pas la réponse d'O'Donnell : on devine assez ce qu'elle dut être.

La grotte, sauf les ornements qu'on pouvait facilement en distraire, est telle que l'ont laissée les travaux exécutés au dix-septième siècle sous les ordres du sculpteur Grau. On y arrive en prenant la petite nef qu'on a à sa gauche en entrant dans l'église. Cette petite nef se continue bien au delà de la grande, jusqu'à la grotte. Avant d'entrer on aperçoit à droite l'autel de Saint François Xavier, et au-dessus de la porte le crucifix miraculeux avec l'inscription qui rappelle que le sang en a jailli. La porte bien ouvragée est étroite. On descend par cinq marches. La grotte compte à peu près douze mètres en longueur en y comprenant la petite sacristie de deux à trois mètres qui se trouve à l'extrémité, derrière l'autel. La largeur varie entre deux et quatre mètres environ. La plus grande hauteur est de deux mètres et demi ;

presque partout ailleurs on peut se tenir debout. A droite en entrant, c'est-à-dire du côté nord fermé par le rocher, on vénère sur la paroi la croix tracée par saint Ignace. Au fond, c'est-à-dire au sud-ouest, la grotte est fermée dans le sens de la largeur par un autel de marbre et par une petite porte qui permet de communiquer avec la sacristie voisine et de là, par un escalier taillé dans le roc, avec la maison des Exercices.

L'autel est surmonté du retable de marbre blanc sculpté par Grau, artiste fameux en son temps ; le Saint, revêtu du sac et de la ceinture, est à genoux dans la grotte, devant le volume des *Exercices* posé sur la pierre. La main gauche soutient le livre ; la main droite tient la plume. Ignace tourne légèrement la tête pour écouter la Vierge qui apparaît dans une nuée du Montserrat. A côté du Saint ou à ses pieds, une discipline, des verges, une large ceinture de pointes de fer. Dans le fond, on aperçoit Manrèse avec son église collégiale, et le pont qui conduit à Notre-Dame de la Guia. Le site est reproduit avec fidélité. Le sujet, encadré dans du marbre noir, est complété par des anges qui jouent de la guitare. Le côté méridional de la grotte, autrefois fermé par les ronces et les grenadiers, a été dégagé ; mais il n'est pas resté ouvert comme à Lourdes : on n'aurait eu qu'un précipice ; il est fermé par la façade que nous avons déjà décrite. A l'intérieur le mur est revêtu de marbres précieux et de mosaïques. Enfin tout autour de la grotte, on peut lire l'histoire du Saint, à Manrèse principalement, racontée dans une série de médaillons en marbre ou en stuc d'un beau travail et quelques-uns d'une finesse exquise. L'auteur des médaillons de droite doit être Grau ; ceux de gauche sont l'œuvre d'un frère coadjuteur. Une seule petite ouverture octogone donne du jour à la grotte. Il y règne une demi-obscurité qui augmente la dévotion.

En pénétrant dans ce lieu où saint Ignace a versé tant de larmes, de sang et de prières, et reçu tant de faveurs et de lumières de Notre-Seigneur et de Notre-Dame pour lui et pour les autres ; où dans la suite tant d'âmes sont venues se retremper dans la ferveur et demander des miracles ou au moins des grâces de force et de consolation, on est saisi d'un profond res-pect. Comme à Notre-Dame des Victoires, à Mont-martre, à Lourdes et dans les autres grands sanctuai-res du monde, on se sent d'une façon spéciale sous l'influence d'en-haut et en communion de mérites avec toutes les générations de pèlerins qui ont passé là et attiré les regards de Dieu et les bénédictions du ciel sur ce rocher béni.

Et maintenant l'affluence des pèlerins continue et leur foi est récompensée comme dans les premiers temps (1). Tous les jours pour satisfaire à leur dévo-

---

(1) Les Petites Sœurs des pauvres, comme pour se mettre sous la

tion et à celle des habitants de la ville, on célèbre dans l'église ou à la grotte de vingt à trente messes. Dans la maison voisine, presque chaque semaine, des groupes de dix à quinze prêtres ou bien des laïques viennent faire les Exercices de saint Ignace. Les autres œuvres, les congrégations surtout, ne manquent pas. Une congrégation de Saint Stanislas pour les petits garçons de cinq à quatorze ans réunit environ 1,400 enfants. C'est un plaisir de les voir le dimanche assister aux réunions qui leur sont spéciales. Cette œuvre a tué les écoles sans Dieu de la franc-maçonnerie. En même temps, près de la chapelle *del Rapto*, les Pères du collège préparent les enfants de Manrèse à tenir leur rang dans la société, en dignes fils de leurs ancêtres et de la sainte Eglise. C'est ainsi que saint Ignace continue dans sa cité d'adoption le bien qu'il y a fait lors de son passage.

A. M. D. G.

---

protection de saint Ignace, sont venues établir leur deuxième maison d'Espagne dans la propriété voisine de la grotte, c'est-à-dire dans l'ancien couvent des Capucins. Les maisons religieuses sont nombreuses à Manrèse. Les sœurs de Marie Réparatrice y ont leur noviciat ; les sœurs de *l'Enseñanza* et plusieurs autres congrégations y font le bien dans leur sphère. Manrèse compte cinquante de ses enfants actuellement dans la Compagnie de Jésus.

Les Capucins français expulsés ont aussi bâti au nord-est de la ville un grand couvent.

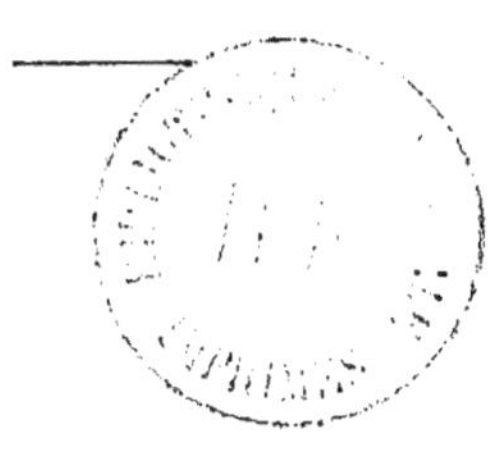

TABLE DES MATIÈRES

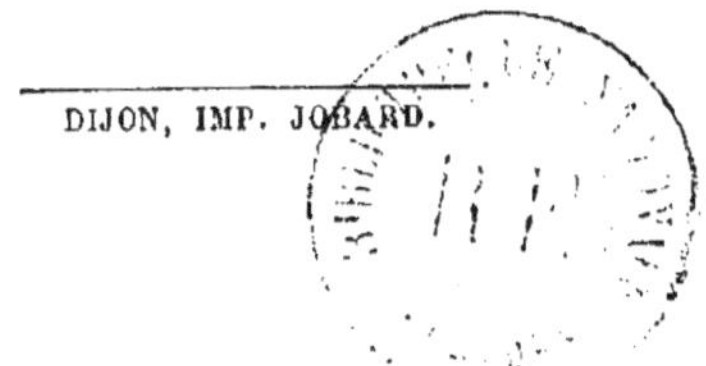

DIJON, IMP. JOBARD.

PENSER-AGIR
JOBARD-IMPRIMEUR-DIJON